Stolz und Vorurteil

mit den Meerschweinchen

Nach dem Roman
von Jane Austen

FISCHER Taschenbuch

Inhalt

Dramatis Personae

Elizabeth ∞ Molly

Mr Darcy ∞ Hollie

Mr Wickham ∞ Elsie

Mr Bingley ∾ Billie

Mr Collins ∾ Millie

Lady Catherine ∾ Guinnea

Lydia ∾ Doris

Jane ∾ Mabel

Mrs Bennet ∾ Wilma

Netherfield Park

Erstes Buch

In der ganzen Welt gilt es als ausgemachte Wahrheit, dass ein Junggeselle von Wohlstand unbedingt nach einer Frau Ausschau halten muss.

Netherfield Park war von einem gewissen
Mr Bingley übernommen worden, einem
alleinstehenden Mann mit großem Vermögen.

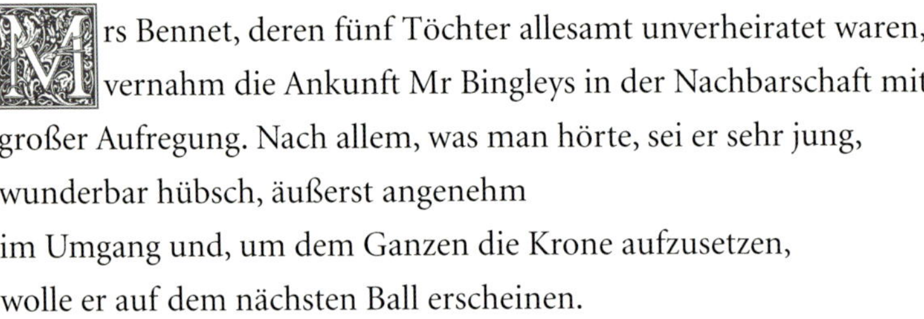

Mrs Bennet, deren fünf Töchter allesamt unverheiratet waren, vernahm die Ankunft Mr Bingleys in der Nachbarschaft mit großer Aufregung. Nach allem, was man hörte, sei er sehr jung, wunderbar hübsch, äußerst angenehm
im Umgang und, um dem Ganzen die Krone aufzusetzen,
wolle er auf dem nächsten Ball erscheinen.

Die Lust am Tanzen führte ganz gewiss dazu, sich in jemanden zu verlieben, und so machte man sich denn lebhafte Hoffnungen auf Mr Bingleys Herz.

»Es ist doch sehr wahrscheinlich, dass er sich in eine von ihnen verlieben könnte.«

och auf dem Ball war es sein Freund Mr Darcy, der bald im Mittelpunkt der Aufmerksamkeit des ganzen Saales stand, was nicht nur auf seine schöne, stattliche Gestalt, sein hübsches Gesicht und seine edlen Züge zurückzuführen war, sondern auch auf die Nachricht, die innerhalb von fünf Minuten nach seinem Eintritt die Runde machte, dass er nämlich ein Einkommen von jährlich zehntausend Pfund und ein großes Landgut in Derbyshire habe.

Mr Bingley sah gut aus, aber Mr Darcy war noch sehr viel hübscher, ein Bild von einem Mann …

Mr Darcy wurde den halben Abend lang voller Bewunderung angeschaut, so lange bis er Elizabeth Bennet dadurch kränkte, dass er sich weigerte, mit ihr zu tanzen.

»Sie sieht ganz erträglich aus«, sagte er, »doch nicht gut genug, um einen Mann wie mich in Versuchung zu führen.«

Er war der stolzeste, unsympathischste Mann auf der Welt, und jeder hoffte, ihm nie wieder begegnen zu müssen.

ber als ihre Bekanntschaft sich vertiefte, begann Mr Darcy zu bemerken, dass Elizabeths schöne dunkle Augen ihr Gesicht ungewöhnlich intelligent erscheinen ließen.

Darcy war jedenfalls noch nie von einer Frau so bezaubert gewesen wie jetzt von ihr. Wenn sie ihm, was ihre Familie anlangte, in ihrer gesellschaftlichen Stellung nicht so unterlegen gewesen wäre, hätte er sich allen Ernstes für gefährdet halten können.

Welcher Maler könnte diesen schönen Augen gerecht werden?

rotz seiner aufkeimenden Zuneigung geriet Darcy bald wieder mit Elizabeth aneinander.

»Ihr Fehler«, sagte Elizabeth, »ist also der Hang, von allen schlecht zu denken.«

»Und Ihrer«, entgegnete er lächelnd, »der Hang, alle absichtlich falsch zu verstehen.«

Elizabeth fand ihn sehr stolz und hochmütig, und Darcy fasste den klugen Entschluss, besonders vorsichtig zu sein und sie noch nicht einmal anzublicken.

Zur Teezeit jedoch war klar, dass sich Mr Bingley und Jane Bennet verliebt hatten.

Bingley widmete sich voller Freude und Aufmerksamkeit Jane. Er richtete kaum das Wort an jemand anderen.

Einige Tage später machten sich die Bennets auf zu einem Spaziergang nach Meryton, zusammen mit Mr Collins, einem zu Besuche weilenden Cousin, dem sehr daran lag, seine Bekanntschaft mit Elizabeth zu vertiefen.

»Ich kann den jungen Damen versichern«, sagte Mr Collins zu Elizabeth, »dass ich mit der Bereitschaft hierhergekommen bin, Ihre Vorzüge zu bewundern.«

Sie wurden Mr Wickham vorgestellt, der am Tag zuvor aus London gekommen war und eine Stelle im Regiment angenommen hatte. Er hatte alles, was einen schönen Mann ausmacht – ein hübsches Antlitz, eine gute Figur und ein sehr gewinnendes Wesen.

*Allen imponierte das Aussehen des Fremden,
und alle hätten gar zu gern gewusst,
wer er denn wohl wäre.*

ie ganze Gruppe stand noch da und war in eine angenehme Unterhaltung vertieft, als Mr Darcy und Mr Bingley herangeritten kamen. Darcy hatte sich gerade entschlossen, seine Augen nicht nur auf Elizabeth ruhen zu lassen, als sein Blick plötzlich auf Wickham fiel.

Elizabeth sah zufällig die Gesichter der beiden, als sie einander erblickten, und war über die Wirkung dieser Begegnung verblüfft. Beide nahmen eine andere Farbe an, der eine wurde weiß, der andere rot.

Was konnte das bedeuten? Es war unmöglich zu erraten, und ebenso unmöglich, es nicht herausfinden zu wollen.

ls sie Zeit für eine Unterhaltung fanden, erzählte Mr Wickham Elizabeth die Geschichte seiner Bekanntschaft mit Mr Darcy.

»Ich bin seit meiner Kindheit in besonderer Weise mit seiner Familie verbunden«, sagte er. »Mr Darcys Vater war mein Pate und mir sehr zugetan. Er hatte mich testamentarisch für den Posten des Pfarrers in der besten Gemeinde seines Patronats vorgesehen. Doch als die Stelle frei wurde, gab Darcy sie jemand anderem.«

Wickham schüttelte den Kopf. »Darcy war eifersüchtig auf die Zuneigung, die sein Vater mir entgegenbrachte. Stolz war immer sein bester Freund. Und es ist eine Tatsache, dass wir sehr verschiedene Menschen sind. Er hasst mich.«

»Den größten Teil unserer Jugend verbrachten wir gemeinsam. Wir bewohnten dasselbe Haus, spielten zusammen …«

Elizabeth achtete Wickham sehr wegen seiner anständigen Haltung, Darcy für seine Schandtaten nicht öffentlich zur Rechenschaft ziehen zu wollen, und fand ihn sympathischer denn je.

»Mr Wickham ist der angenehmste Mann, den ich jemals getroffen habe«, dachte sie. »Seine Wahrhaftigkeit steht außer Frage.«

Aber bevor sie darüber nachdenken konnte, wie es wäre, Wickham zu heiraten, überraschte Mr Collins sie mit einem Antrag.

»Und nun bleibt mir nichts weiter zu tun übrig,
als Sie in der beseeltesten Ausdrucksweise
der Stärke meiner Leidenschaft zu versichern.«

r Collins wurde nicht ohne Schwierigkeiten zurückgewiesen, aber er erholte sich bald und heiratete Elizabeths beste Freundin Charlotte, die es statt nach Romantik mehr nach einem behaglichen Heim verlangte.

Mrs Bennet jedoch war weniger gleichmütig.

»Fräulein Lizzy, wenn du es dir in den Kopf gesetzt
hast, weiterhin jeden Heiratsantrag so abzuweisen,
dann wirst du nie einen Mann bekommen!«

Das Pfarrhaus

Zweites Buch

ber alles war schnell vergeben, und Elizabeth besuchte bald Mr und Mrs Collins in ihrem Pfarrhaus in Kent, wo sie von Lady Catherine de Bourgh eingeladen wurden.

Lady Catherines Empfang war nicht dazu angetan, die Besucher ihre untergeordnete gesellschaftliche Stellung vergessen zu lassen. Das Essen verlief recht schweigsam.

Elizabeths Besuch verlief recht angenehm, bis sie eines Tages durch ein Klingeln an der Haustür aufgeschreckt wurde und zu ihrem größten Erstaunen Mr Darcy das Haus betrat und um ihre Hand anhielt.

Elizabeth war so überrascht, dass es ihr die Sprache verschlug. Aber Darcys Stolz überwog alles. Er sprach von zärtlichen Gefühlen, aber auch über ihre Unebenbürtigkeit, dass es eigentlich eine Entwürdigung für ihn bedeute, dass er Standesvorurteile verletze, und ließ leicht erkennen, dass er nicht im Geringsten an einer günstigen Antwort zweifelte.

Aber wie könnte sie einen Mann heiraten, der Mr Wickham so schändlich behandelt hatte?

Sie lehnte ab.

»Wir waren noch nicht einen Monat bekannt, da wusste ich schon, dass Sie der allerletzte Mann in der Welt wären, der für mich als Gatte in Frage käme.«

ber dann schrieb Mr Darcy ihr einen langen Brief, in dem er ihr die Wahrheit über Mr Wickham erzählte, von dessen Wollust und Lasterhaftigkeit berichtete und davon, wie er mit Darcys fünfzehnjähriger Schwester Georgina durchzubrennen versuchte, was Mr Darcy im letzten Moment verhindern konnte.

Ein Spieler!

Der Brief blieb nicht ohne Auswirkungen auf Elizabeths Einstellung Mr Darcy gegenüber.

»Wie scheußlich habe ich mich verhalten!«, rief Elizabeth aus. »Wenn ich bis über beide Ohren verliebt gewesen wäre, ich hätte nicht blinder sein können!«

Pemberley

Drittes Buch

Elizabeth kehrte nach Hertfordshire zurück. Ihre Stimmung war sehr gedrückt und alle Freude von Schamgefühl überlagert, bis ihr Onkel und ihre Tante, Mr und Mrs Gardiner, sie einluden, sie auf ihrer Fahrt in den Norden zu begleiten. Sie sagte freudig zu.

Sie kamen in Derbyshire an – und da Mr Darcy noch in der Stadt war, beschloss Mrs Gardiner, seine Landgüter in Pemberley zu besichtigen. Elizabeth war entzückt von der Schönheit der Gärten und der Gebäude. Überall konnte sie Darcys zurückhaltenden und doch geschmackvollen Stil erkennen.

In diesem Moment wurde ihr bewusst, dass es schon etwas bedeutete, Herrin auf Pemberley zu sein!

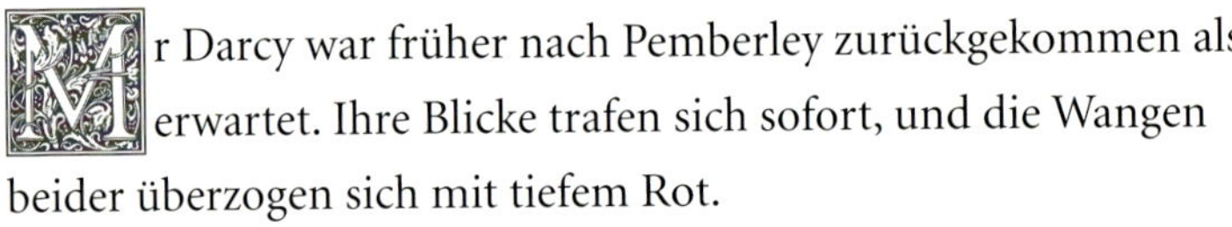

Mr Darcy war früher nach Pemberley zurückgekommen als erwartet. Ihre Blicke trafen sich sofort, und die Wangen beider überzogen sich mit tiefem Rot.

Sein Verhalten war völlig verändert. Niemals zuvor hatte er mit größerer Höflichkeit gesprochen. Elizabeth wusste nicht, was sie denken, wie sie sich alles erklären sollte.

»Warum ist er so anders?«, dachte Elizabeth. »Was ist passiert? Es ist unmöglich, dass ich ihm noch immer etwas bedeute.«

Ihr Erstaunen über Darcys ungekünstelte Herzlichkeit wurde jäh durch einen Brief von Jane unterbrochen, der sehr erschreckende Nachrichten enthielt.

Elizabeths Schwester Lydia war durchgebrannt – mit Wickham!

»Lydia hat nur Liebe im Kopf. Sie hat kein Geld, keine vornehme Herkunft, nichts, was Wickham veranlassen könnte, sie zu heiraten – sie ist für immer verloren.«

lizabeth fuhr umgehend nach Longbourn zurück und wartete dort auf weitere Nachrichten über das Dilemma ihrer Schwester. Über ihre Tante erfuhr sie, dass Mr Darcy Wickham in London aufgespürt und dazu veranlasst hatte, Lydia zu heiraten. Darcy hatte auch Wickhams Spielschulden beglichen und ihn auf Provisionsbasis in einem neuen Regiment im fernen Newcastle untergebracht.

Elizabeth war fassungslos, welche Anstrengungen Darcy auf sich genommen hatte, aber ihr Herz sagte ihr, dass er es für sie getan habe.

Einige Wochen später besuchte Darcy die Bennets in Longbourn zusammen mit seinem Freund Mr Bingley, der Jane schließlich einen Antrag gemacht hatte.

»Großer Gott!«, rief Mrs Bennet. »Unser lieber
Bingley wird doch nicht wieder diesen
unangenehmen Mr Darcy mitbringen!«

Elizabeth wollte ihm für seine beispiellose Freundlichkeit danken, die er ihrer armen Schwester erwiesen hatte. Auch wenn ihre Familie es nie erfahren sollte, was er für sie getan hatte, sie würden immer in seiner Schuld stehen.

»Ihre Familie schuldet mir keinen Dank. Sosehr ich Ihre Verwandten auch achte, so habe ich doch bei allem nur an *Sie* gedacht.«

Sie schritten weiter, ohne zu wissen wohin. Es war ja so viel zu denken, zu empfinden und zu sagen, dass sie auf nichts anderes achten konnten.

iesmal nahm Elizabeth Fitzwilliam Darcys Antrag an.

»Ich liebe ihn.«

nd so setzte sie sich hin und schrieb an ihre Tante, Mrs Gardiner:

Ich bin das glücklichste Geschöpf auf Erden. Herr Darcy sendet Euch so viel Liebe, wie er gerade erübrigen kann, weil er sie nicht für mich braucht. Kommt Weihnachten alle nach Pemberley.

Eure Elizabeth Darcy

Ende

Jeden Tag werden kleine Tiere ausgesetzt, aber die glücklichen unter ihnen kommen in Tierheime, wo man sie gut versorgt und neu vermittelt. Wie Sie vielleicht wissen, widmen sich einige dieser Einrichtungen ausschließlich Meerschweinchen. Sie beraten bei der Pflege und kümmern sich darum, dass die Tiere neue Pflegefamilien finden.

Wenn Sie sich nun ein wenig in die Meerschweinchen verliebt haben, und nicht nur in Mr Darcy, dann unterstützen Sie das Tierheim in Ihrer nächsten Umgebung mit einer Spende.

Der Verlag dankt Amanda, Pauline und Jenn, ebenso Jane, Charles, Caroline, Rosie, Phoebe und Alison für ihre anhaltende Kameradschaft und Großzügigkeit. Dank auch an Belmondo, der dieses kleine Buch zum Leben erweckt hat.

Jane Austen wurde 1775 geboren. Sie ist eine der größten Vertreterinnen der englischen Literatur. Ihr Werk beinhaltet unvergängliche Meisterwerke wie *Stolz und Vorurteil*, *Überredung* und *Emma*.

Tess Gammell wurde 1987 geboren. Wenn sie nicht gerade kleine Hauben näht oder winzige Laternenpfähle schweißt, arbeitet sie als Designerin für Mode, Film und als Schaufenstergestalterin. Sie lebt in London.

Alex Goodwin wurde 1985 geboren. Wenn er nicht gerade die Werke der größten Dichter in meerschweinchengerechte Stücke zerlegt, schreibt er eigene Romane (von denen er hofft, dass sie eines Tages ebenso behandelt werden). Er lebt in London.